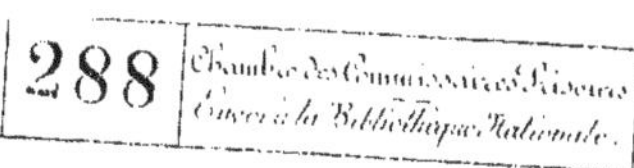

DESSINS MODERNES

COSTUMES MILITAIRES

AQUARELLES ET LITHOGRAPHIES

[illegible]

TABLEAUX

LIVRES

ET

RECUEILS

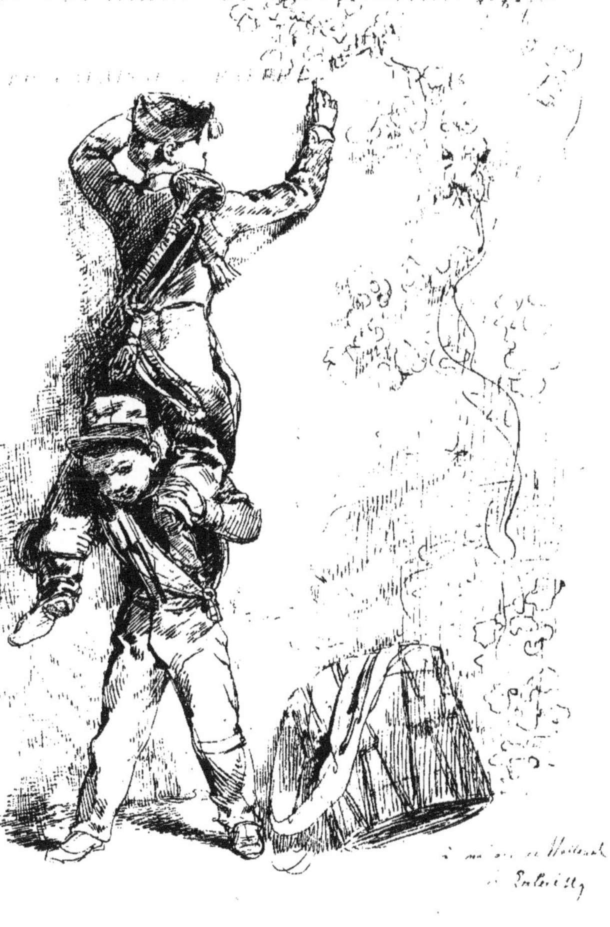

VENTE DU LUNDI [illegible] FÉVRIER 1906

COMMISSAIRE-PRISEUR

Me MAURICE DELESTRE

[illegible], Rue Saint-Georges, [illegible]

EXPERT

Me PAUL ROBLIN

65, Rue Saint-Lazare, [illegible]

DESSINS MODERNES

AQUARELLES

Costumes Militaires

Lithographies

TABLEAUX

Livres et Recueils

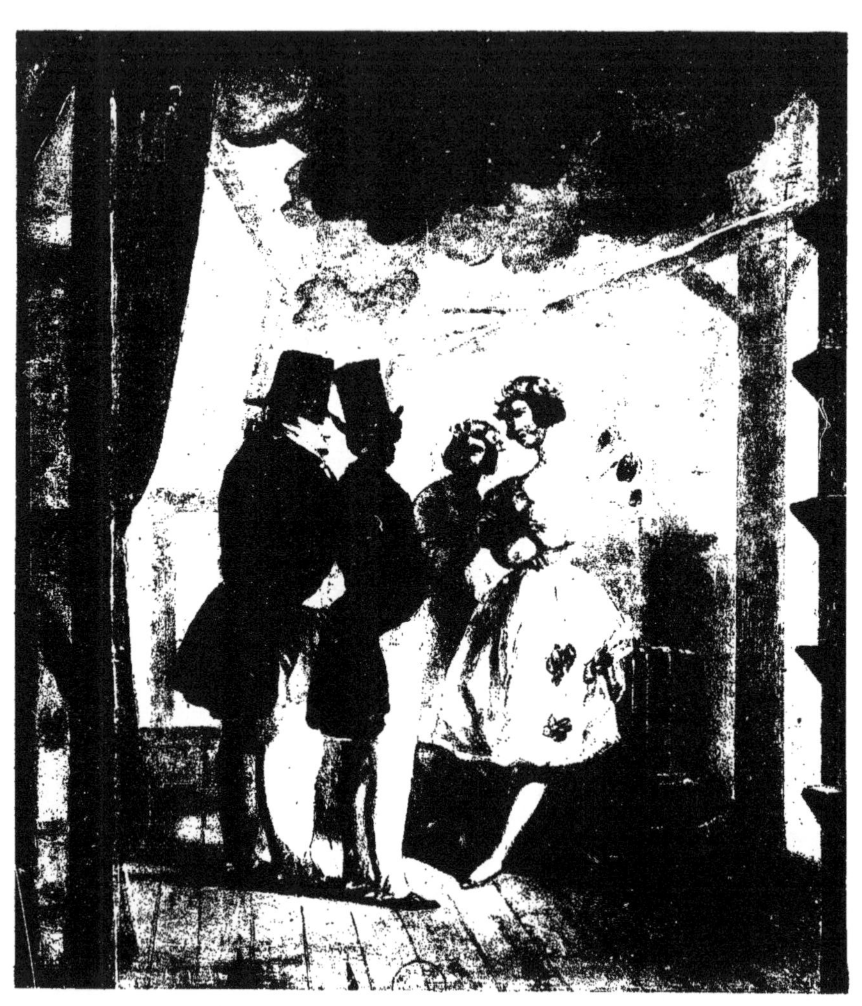

Nº 76. — ÉCOLE DE 1830

CATALOGUE

DE

DESSINS MODERNES

Aquarelles, Gouaches

par BAZIN, BEAUME,
BELLANGÉ, CHAM, CHARLET, DAUBIGNY, DECAMPS, DESRAIS
DUPIN, GAVARNI, GOBAUT, GRANDVILLE, GUYS, INGRES
JACQUE, LALAISSE, LANGENDYK,
MEISSONIER, MICHEL, MILLET, MOLTZHEIM, MONNIER,
MORIN, PILLE, PUVIS DE CHAVANNES,
RAFFET, ROUSSEAU, SWEBACH, TROYON, VEYRASSAT, ETC.

Costumes Militaires

Lithographies par RAFFET, LALAISSE, etc.

TABLEAUX

LIVRES ET RECUEILS

Dont la Vente aux enchères aura lieu

HOTEL DES COMMISSAIRES-PRISEURS, Rue Drouot, N° 9.
Salle N° 10.

Le Lundi 5 Février 1906
à deux heures.

Commissaire-priseur :	*Expert :*
Me MAURICE DELESTRE	M. PAUL ROBLIN
5, Rue St-Georges, 5	65, Rue St-Lazare, 65

EXPOSITION PUBLIQUE

Le Dimanche 4 Février 1906, de 1 heure 1/2 à 6 heures.

CONDITIONS DE LA VENTE

Elle sera faite au comptant.

Les adjudicataires paieront *dix pour cent* en sus des enchères.

L'Exposition mettant le public à même de se rendre compte de l'état et de la nature des pièces, aucune réclamation ne sera admise une fois l'adjudication prononcée.

L'Expert se réserve la faculté de diviser ou de rassembler les lots, et remplira, aux conditions d'usage, les commissions que voudraient lui confier les Amateurs.

N. B. — Presque tous les dessins, aquarelles et tableaux sont encadrés.

L'ORDRE NUMÉRIQUE SERA SUIVI

DÉSIGNATION

Lithographies

Costumes Militaires

BAUGNIET

1 — *Bellangé* (H^{te}). Lithographie in-fol.

Belle épreuve sur papier de Chine avec dédicace, signée.

BONHEUR (Rosa)

2 — Tête de lionne. Lithographie in-4 avec fac-simile d'autographe.

Belle épreuve.

CHARLET

3 — Les Maraudeurs (La C. 49 RR.). — Gaspard l'avisé (65). Deux pièces.

Belles épreuves.

4 — Costumes militaires. Huit pièces sur papier de Chine.

Belles épreuves, une est en double.

COSTUMES MILITAIRES

5 — *Armée Française*. Douze pièces coloriées par Garnerey, G. Saint-Sauveur, Martinet, Hoffmann, etc., dont trois aquarelles.

Belles épreuves.

6 — Portraits de Généraux et costumes militaires. Neuf pièces in-4 coloriées. A *Paris, chez Jean.*

Epreuves à toutes marges.

7 — *Armée Française.* Trente-sept pièces de tous formats, par Pruche, H. Lecomte, V. Adam, E. Lami, L. David, Bellangé, Lalaisse et autres.

Epreuves coloriées.

8 — *Armée Française.* Quarante-trois pièces in-8 coloriées. *A Paris, Maison Martinet.*

Belles épreuves.

9 — *Galerie militaire. Paris, Maison Martinet.* Quatre-vingt-six pièces in-4 coloriées.

Epreuves à toutes marges.

10 — *Armée Française.* Trente-trois planches in-4 par Lalaisse, Lejeune et Lacauchie. *Paris, Hautecœur.*

Epreuves coloriées à toutes marges. Quelques-unes sont en bistre.

11 — L'Armée Française et ses Cantinières, par Sorrieu d'après Lalaisse, 4 p. — Costumes de l'Armée Française, par Vernier, 16 p. — Armée Française, par Alf. de Marbot, 21 p. Ensemble quarante-une pièces coloriées.

Epreuves à grandes marges.

COSTUMES MILITAIRES

12 — TYPES MILITAIRES, par Draner, 6 p. — ARMÉE FRANÇAISE 1876 et Empire, par Lalaisse. 24 p. — ARMÉE FRANÇAISE, par Moltzheim, 9 p. Ensemble trente-neuf pièces coloriées.

Belles épreuves.

13 — OFFICIER DE CHASSEURS A PIED, 1 p. — ARMÉE FRANÇAISE 1905, par Lalauze, 5 p. — INSPECTION A SAINT-CYR, d'après Detaille, 1 p. — OFFICIER D'ARTILLERIE, d'après Weber, 1 p. Ensemble huit pièces.

Belles épreuves.

14 — *Armée Prussienne* (L') sous l'Empereur Guillaume. Quarante pièces in-4 en couleurs.

Dans le cartonnage de publication.

15 — *Armées étrangères.* Prusse, Russie, Autriche, Angleterre, etc. Soixante-quatre pièces coloriées, quelques-unes en noir et blanc.

Belles épreuves.

16 — BREVETS DE CANNE, de pointe et de contre-pointe. Trois pièces coloriées.

Epreuves à toutes marges.

DIVERS

17 — COSTUMES ET SCÈNES MILITAIRES. — CAMP de CHALONS en 1866. — PORTRAITS, etc. Quatorze pièces.

GALERIES DE VERSAILLES

18 — Salle de Constantine. Quinze reproductions de tableaux.

Epreuves à toutes marges.

19 — Galerie des Batailles. Trente-trois reproductions de tableaux.

Epreuves à toutes marges.

GRANDVILLE (J.-J.)

20 — Grand Assaut d'armes. Lithographie in-fol.

Très belle épreuve coloriée.

INGRES (d'après).

21 — Odalisque. Lithographie in-fol. en larg. par Sudre.

Très belle épreuve.

LALAISSE (H[te]).

22 — Garde Impériale. *Paris, Martinet-Hautecœur*. Dix-huit planches in-fol. en larg.

Belles épreuves coloriées.

23 — Empire Français, Garde impériale. *Paris, Martinet-Hautecœur*. Treize pièces in-4.

Belles épreuves coloriées.

RAFFET (Auguste).

24 — *Aumale* (S. A. R. le Duc d'). 1843. (H. G. 8).

Superbe épreuve avant toutes lettres sur papier de Chine. (Collection Germain Bapst).

RAFFET (Auguste)

25 — *Aumale* (S. A. R. le Duc d'). 1843. (8)

Très belle épreuve sur papier de Chine à toutes marges, encadrée.

26 — *Maule*, colonel des Highlanders (19 R.R). — *Napoléon à Bar-sur-Aube* (59 RR.). — Gendarmes faites feu (73.) Trois pièces.

Belles épreuves.

27 — REVUE DU 29 AOUT 1830 (78).

Très belle épreuve.

28 — RETRAITE DU BATAILLON SACRÉ A WATERLOO (80 R.).

Superbe épreuve du 1er tirage sur blanc, grandes marges, encadrée.

29 — COMBAT D'OUED-ALLEG (82).

Superbe épreuve du 1er tirage sur papier de Chine court, de cette pièce capitale du maître, rare, encadrée.

30 — COMBAT D'OUED-ALLEG (82).

Très belle épreuve sur papier de Chine court, et à toutes marges.

31 — LE RÉVEIL, 1848 (85).

Très belle épreuve du 2e état *avec le titre en petits caractères, et avec les vers*, sur papier de Chine court et à toutes marges.

RAFFET (Auguste)

32 — LE RÉVEIL, 1848 (85).

Très belle épreuve du 2e état *avec le titre en petits caractères et avec les vers*, tirage sur papier de Chine court, grandes marges, encadrée.

33 — LE RÊVE (86).

Très belle épreuve avant la lettre sur papier de chine, encadrée.

34 — AFFICHE POUR LA NÉMÉSIS DE BARTHÉLEMY (120 R.).

Superbe épreuve de la plus grande fraîcheur, belles marges, encadrée.

35 — REPAS DU PEUPLE (140). 2 épr. — REPAS D'UN REPRÉSENTANT DU PEUPLE (141). 2 épr. — ETAT-MAJOR 1794. (150). Cinq pièces.

Belles épreuves, deux sont du 1er tirage sur papier teinté.

36 — LE MARCHAND DE CHANSONS (159 R.).

Très belle épreuve sur papier de Chine, à toutes marges.

37 — CAMP DE COMPIÈGNE 1841 (164). — CAMP DE COMPIÈGNE 1842 (165). Deux pièces.

Très belles épreuves sur papier de Chine et sur ton rehaussé, à toutes marges.

38 — DRAPEAUX FRANÇAIS (168 R.,169 R.,170 R.,171 R.). Quatre pièces coloriées.

Très belles épreuves.

RAFFET (Auguste)

39 — Catalans sur la Rambla. Barcelone, 18 juillet 1847, (172 RR.).

Superbe épreuve avant toutes lettres sur papier de Chine.

40 — Garde Consulaire (177). — Feuille de croquis (180). — Armée Autrichienne (182, 183, 184, 185). — Chevau-Léger, lancier (186). Sept pièces.

Très belles épreuves.

41 — Feuille de Croquis au lavis (180 RR.).

Rare et belle épreuve d'essai de cette planche, *avant qu'elle ne soit divisée en deux, et avant* le nom d'Aug. Bry.

42 — Histoire de Napoléon. Suite de vingt-cinq lithographies in-4 en larg. (237-260).

Très belles épreuves, la plupart à toutes marges (Manque les nos 257, 259).

43 — Citadine. (263). — Le Guide est a droite ! (269). — Ma Fille ! la contrariété me tourne sur le cœur !... — Gares les Albums (283). — La Glissade (284). — Adieu ! (295). — L'Amour conjugal (326). Sept pièces.

Belles épreuves, deux sont du 1er tirage sur papier teinté.

44 — Moskowa (328). — Waterloo (329). — Ah ! voila papa (334). — La Paye ne permet pas les rafraîchissements (335). — Lutzen (340). — Je n'tire pas ! (341). — La Revue (344). Sept pièces.

Très belles épreuves.

45 — Marche d'une division (352). — Vive la République (357). — C'est un Polonais (361). — Charge de Hussards républicains (374). — Le Curé Belge (376). Cinq pièces.

Très belles épreuves.

RAFFET (Auguste)

46 — Il est défendu de fumer (385). — Plus de Patrie (382). — Pauvres Enfants !! (387). — Dernière charge des lanciers rouges a Waterloo (388). — 13 Vendémiaire (391). — Abordez l'ennemi franchement, a la baïonnette (396). — Carré enfoncé (399). — Bonaparte (400). — Conquête de la Hollande (402). Neuf pièces.

Très belles épreuves.

47 — La dernière Charrette (392). — L'Homme du peuple (412). Deux pièces.

Très belles épreuves.

48 — Le Billet de Contentement (405). — Italie 1796 (410). — L'Ennemi ne se doute pas que nous sommes la (411). — Ils Grognaient (414). — Le Terme (416). Cinq pièces.

Très belles épreuves.

49 — Le Lendemain (420). — Nous civiliserons ces gaillards-la... (422). — Bautzen (423). — A ce jeu-la on n'attrape que des coups (427). — Le Guide (428) Cinq pièces.

Très belles épreuves.

50 — La Revue nocturne (429).

Très belle épreuve tirée sur papier de Chine court, et à toutes marges.

RAFFET (Auguste)

51 — Le Drapeau, d'après Paul Delaroche ou Léon Coignet (500).

Superbe épreuve sur papier de Chine, à toutes marges.

52 — Marche sur Constantine, première pensée (545 RRR).

Superbe épreuve imprimée sur blanc, à grandes marges, encadrée.

53 — Les Voyageurs a bord du François 1er (594). Titre inédit, 1er état RR.

Très belle épreuve sur papier de Chine, à toutes marges.

54 — Habitations de Tziganes dans la montagne (640).

Très belle épreuve sur papier de Chine.

55 — Titre frontispice pour la série des portraits des membres de l'Expédition scientifique dans la Russie méridionale (686).

Très belle épreuve du 1er état avant la lettre sur papier de Chine à toutes marges.

56 — Illustrations de l'Armée Française depuis 1789 jusqu'en 1832. (No 99 et appendice 1 à 16).

Très belles épreuves sur papier de Chine. On y a joint deux pièces complémentaire: *Russie* et *Egypte* de Léon Coignet. Ensemble dix-neuf pièces.

57 — Costumes militaires. Treize pièces noires et coloriées.

Belles épreuves.

Livres et Recueils

58 — **Ambert** (Joachim). Esquisses historiques des différents corps qui composent l'Armée Française ; dessiné par Charles Aubry. *A. Degouy, éditeur* (1835), in-fol. dem.-rel. chag. av. coins (reliure défraîchie).

59 — **Armand-Dumaresq**. Uniformes de la Garde Impériale en 1857, dessinés sous la direction du général de division Hecquet, d'après les ordres de M. le Maréchal-Ministre de la Guerre. *Paris, Imprimerie Impériale,* 1857, gd in-fol. cart.

Ouvrage orné de cinquante-cinq planches de costumes militaires.

De la collection Champollion-Figeac.

60 — **Armand-Dumaresq**. Uniformes de l'Armée Française en 1861. Troupes de ligne. *Paris, Imprimerie lithographique de Lemercier,* 1861, gd in-fol. cart.

Ouvrage orné de cinquante-six planches de costumes militaires.

De la collection Champollion-Figeac.

(Déchirure au faux-titre).

61 — **Bry** (Auguste). RAFFET, sa vie et ses Œuvres. *Paris, E. Dentu*, 1861, in-8 br. Nombreuses eaux-fortes.

Exemplaire avec envoi autographe au *bon colonel de la Combe.*

62 — **Catalogue** des Tableaux, Etudes peintes, Aquarelles et dessins composant l'atelier Meissonier. *Paris, Mai* 1895, in-4 broché. Nombreuses illustrations.

63 — **Coleridge** (Samuel). THE RIME of the Ancient Mariner, illustrated by Gustave Doré. *London, Hamilton, Adams & C°*, 1876, in-fol. cart.

64 — **Detaille** (Edouard). L'ARMÉE FRANÇAISE, texte par Jules Richard. *Paris, Boussod Valadon et Cie*, 1885-1889, 2 vol. in-fol. dem.-rel. maroq. lav. av. coins, t. d., n. rog.

Exemplaire très frais avec les grandes planches en couleurs.

65 — **France**. ECOLE DE CAVALERIE. *Saumur, Javaud, s. d.* Titre et planches noires et coloriées par Adam, Bachelier et Tom Drake, in-fol. cart.

66 — **Giacomelli** (Hector). RAFFET, son Œuvre lithographique et ses eaux-fortes. *Paris, Bureaux de la Gazette des Beaux-Arts*, 1862, in-8, eaux-fortes, broché.

67 — **Lalaisse** (H[te]). TYPES MILITAIRES. Recueil de cinquante-huit planches in-fol. coloriées, dem.-rel. chag. bl.

67 *bis* **Lalaisse** (H[te]). RECUEIL de soixante-quinze croquis de Costumes. Etudes de chevaux et paysages, dessins à la mine de plomb et quelques-uns rehaussés d'aquarelle. Réunis en un album in-4 obl., dem.-rel. mar. gr. avec coins.

68 – **Nodier** (Charles). JOURNAL DE L'EXPÉDITION des Portes de Fer. *Imprimerie Royale*, 1844, gd in-8, fig., dem.-rel., non rogné.

Ouvrage illustré de figures hors texte, sur papier de Chine avant la lettre, et de vignettes dans le texte d'après Raffet, Decamps, Dauzat.

Un des chefs-d'œuvre de l'illustration du XIXe siècle. Exemplaire en bel état de conservation portant la dédicace de Ferdinand Philippe d'Orléans *à M. Mellinet, chef du 5e bataillon des chasseurs d'Orléans.*

69 — **Raffet** (Auguste). COLLECTION des Costumes militaires de l'Armée, de la Marine, et de la Garde Nationale fraçaise depuis 1830. In-4, dem.-rel. chag. v., n. rog.

Recueil factice, contenant *soixante-deux* planches des différentes collections de costumes militaires, épreuves en noir et coloriées.

70 — **Raffet** (Auguste). EXPÉDITION ET SIÈGE DE ROME. Suite de trente-six planches numérotées 1 à 36, in-fol., dem.-rel. chag. bl. (H. G. 557-593).

Superbe exemplaire tiré sur papier de Chine, et auquel on a ajouté les épreuves de remarque suivantes : *Porte d'entrée de la villa Santucci* (564 bis). — *Sapeurs Mineurs*, première pensée (568 R R R). — *Embuscade de chasseurs* avec croquis sur la marge supérieure (576 bis). — *Chemin de ronde*, rare épreuve d'essai avant toutes lettres et avec des croquis sur les marges (582 bis). — *Batterie n° 9*, rare épreuve d'essai avant toutes lettres et avec salissures sur les marges (583 bis RRR.). — *Batterie n° 10*, rare épreuve d'essai avec salissures sur les marges (584 bis RRR.). — *Assaut et prise du bastion n° 6*, rare épreuve avec des salissures sur les marges (585 bis). — *Une brèche*, rare épreuve d'essai tirée à quelques épreuves (175 RRR.). — *Prise de la Courtine n° 6 et 7*, très rare épreuve d'essai avant toutes lettres, avec des salissures sur les marges (586 bis RRR.). — *Travailleurs couronnant la brèche du bastion 7*, rare épreuve d'essai avant toutes lettres et avec des salissures sur les marges (587 bis RRR.). — *Départ de la 3e Colonne, dite de Soutien*, rare épreuve d'essai avant toutes lettres, avec des salissures et des croquis sur les marges (589 bis RRR.). — *Assaut donné au bastion 9*, épreuve d'essai (590). — *Travailleurs ouvrant une tranchée*, épreuve d'essai (174 RRR.).

71 — **Raffet** (Auguste). VOYAGE dans la Russie Méridionale et la Crimée, par la Hongrie, la Valachie et la Moldavie en 1837. In-fol. dem.-rel. chag. vert, non rogné. (H. G. 594-702).

Superbe exemplaire avec les planches tirées sur papier de Chine, et auquel on a ajouté toutes les planches d'états et complémentaires formant en tout *cent trente-deux planches*.
Parfaite conservation.

72 — **Vachon** (Marius). DETAILLE. *Paris, A. Lahure, Imprimeur-éditeur*, 1898, in-4, nombreuses illustrations dans le texte, broché.

Tableaux Modernes

BLAIRSY

73 — Paris sous la Ligue.

Cadre ancien en bois sculpté et doré de l'époque Louis XVI.
Esquisse sur toile signée à gauche *Blairsy.*

(H. 0.31. — L. 0.37)

COURBOIN (Eug.)

74 — Bonaparte et Joséphine.

Toile signée, et datée 1895.

(H. 0.45. — L. 0.37)

ÉCOLE DE 1830

75 — Marchand d'oranges.

Bois.

(H. 0.27. — L. 0.21)

ÉCOLE DE 1830

76 — COULISSES DE L'OPÉRA.

Derrière des portants et au moment d'entrer en scène, deux danseuses conversent avec deux abonnés.

Belle étude sur carton.

(H. 0,27. — L. 0,23)

ETTY (W.)

Elève de Sir Th. Lawrence

77 — PORTRAIT DE JEUNE FEMME.

Signé à gauche W. Etty 1829.

Cadre ovale en bois sculpté et doré avec fronton de style Louis XVI.

Toile marouflée sur bois.

(H. 0.17. — L. 13 1/2)

ROUSSEAU (Genre de Th.)

78 — COUCHER DE SOLEIL.

Etude sur toile.

(H. 0.19. — L. 0,23)

Dessins, Gouaches, Aquarelles

ANONYME

79 — Paysage.

Très fine aquarelle gouachée.

(H. 0.11. — L. 0.16 1/2

BAZIN

80 — Scènes militaires.

Neuf petites gouaches signées (seront vendues séparément),

BEAUMONT (Ed. de).

81 — Soubrette et Valet.

Crayon noir rehaussé de gouache et de sanguine.

(H. 0.18. — L. 0.22)

BEAUME (J.)

82 — Querelle d'écoliers.

Belle aquarelle signée.

(H. 0.22. — L. 0.16)

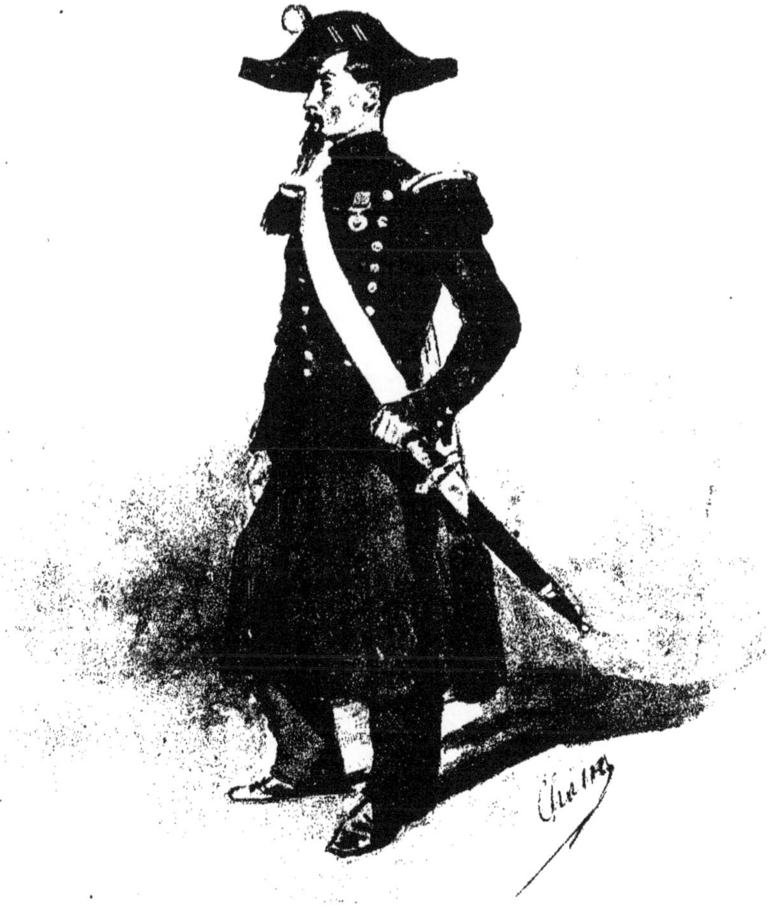

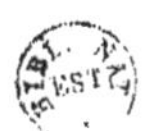

N° 86. — CHAM

BELLANGÉ (H[te])

83 — Grenadiers.

Aquarelle.

(H. 0.19 1/2. — L. 0.15 1/2)

BERTRAND (Archimed)

84 — Campagne d'Italie. Deux dessins.

Plume, un est signé et daté 1832.

(H. 0.20. — L. 0.25)

BOUCHARDY (Pauline)

85 — Portrait d'homme.

Crayon noir rehaussé d'aquarelle, signé : *Pauline Bouchardy, 1841.*

(H. 0.24. — L. 0.19 1/2)

CHAM (Comte de Noé)

86 — Costume d'un Voltigeur de la Garde impériale. (Portrait d'un maître d'armes qui donna des leçons à l'artiste).

Aquarelle signée *Cham.*
Au verso : Hommage et avec les compliments du comte de Noé, au général Mellinet.

(H. 0.27. — L. 0.20)

CHAPLIN (Ch.)

87 — Portrait de Mme X.

Aux crayons de couleur, signé et daté 1863.

(H. 0.26. — L. 0. 20)

88 — Portrait de M. X.

Aux crayons de couleur, signé et daté 29 Nov. 1860.

(H. 0.31. — L. 0.24)

CHARLET

89 — A l'Eglise.
Une Odalisque.

Deux superbes aquarelles dans le même cadre.
La première est signée.

(H. 0,16. — L. 0,12)
(H. 0,14 1/2. — L. 0,18 1/2)

90 — Adieu !...

C'est le dernier mot d'un vieux militaire étendu sur un lit, il tient la main de sa femme pressée contre sa poitrine ; celle-ci se penche sur lui en pleurant ; une petite fille est agenouillée auprès d'elle.

(Le même sujet a été interprété par Raffet).
Crayon noir et estompe, rehaussé de blanc sur papier gris.

(H. 0,17. — L. 0,23)

CICÉRI l'aîné

91 — L'Eglise Notre-Dame et un coin de la Cité.

Très fine aquarelle.

(H. 0,16. — L. 0,12)

DAUBIGNY (C.)

92 — Paysage, le soir.

Vigoureux et important dessin à la pierre noire et estompe sur papier bleu.

(H. 0,25. — L. 0,35)

DEBILY (C.)

93 — Soldat républicain en faction à un poste dominant un campement établi au bord d'un lac resserré entre des montagnes.

Très belle et importante aquarelle signée C. Debily Pinxit, 1797.
Sur une borne on lit : Suisse P. D. V. 1796.

(H. 0,55. — L. 0,43)

DECAMPS

94 — MARCHANDE DE MARÉE A MARSEILLE.

Sépia.
Cachet de la vente.

(H. 0,27. — L. 0,20)

95 — LE MOULIN.

Etude au crayon lithographique. Signé des initiales.
(H. 0,17. — L. 0,08 1/2).

DELACROIX (Eug.)

96 — ETUDES DE CHEVAUX.

Deux dessins dans le même cadre.
(H. 0,10. — L. 0,13)

DESRAIS (Cl. L.)

97 — TAMBOUR, de profil, portant sa caisse.
TAMBOUR, de face, battant sa caisse.

Deux pendants.
Plume et lavis de sépia.

(H. 0,28. — L. 0,19)

98 — BATAILLE DE SMOLENSK.

Plume et lavis de sépia.
(H. 0,31. — L. 0,48)

DUPIN

99 — COMBAT ENTRE RUSSES ET FRANÇAIS.
FÊTE DE SAINT-CLOUD.

Deux pendants.
Très fines aquarelles gouachées. La première est signée *Dupin*.

(H. 0,05. — L. 0,09)

DUPRÉ (Jules)

100 — Bords d'étang.

Crayon noir, signé.

(H. 0,13. — L. 0,20)

DUVERGER

101 — Le Braconnier.

Très belle aquarelle signée.

(H. 0.34. — L. 0,26

ECOLE DE 1830

102 — Portrait de femme.

En buste, légèrement inclinée vers la gauche, robe bleue largement décolletée, avec collerette en dentelle.
Très fine aquarelle ovale.

(H. 0,12. — L. 0,09)

FOREST (E.)

103 — Pièce satyrique sur les lorettes.

Croquis à la mine de plomb, signé des initiales E. F.

(H. 0,20. — L. 0,15)

FORTUNY

104 — Arabe a cheval. Etude pour la bataille de Tetuan.

Croquis à la pierre noire rehaussé de blanc.

(H. 0,16. — L. 0,11)

FRAGONARD (A. E.)

105 — La Leçon de musique.

Très fine aquarelle signée à D

(H. 0,18. — L. 0,13 1/2)

GARBET (Emile)

106 — PORTRAITS ET SUJETS DIVERS.

Seize études à l'huile dans le même cadre.

GAVARNI

107 — LORETTE AU JARDIN MABILLE.

Crayon noir rehaussé de Pastel.

(H. 0,32. — L. 0 25

GÉRICAULT (Théodore)

108 — TÊTES DE DÉCAPITÉS. Quatre études sur la même feuille.

Crayon noir.

(H. 0,21. — L. 0,28)

GOBAUT

109 — EPISODE MILITAIRE.

Gouache signée.

(H. 0,13. — L. 0,18)

GRANDVILLE (J. J.)

110 — FANTASIA FRANÇAISE, pièce satyrique.

Plume, signée des initiales.

(H. 0,22. — L. 0,36 1/2)

111 — CARICATURE POLITIQUE.

Plume, cachet de la vente de l'artiste.

(H. 0,13. — L. 0,07)

GUILLAUMET (G.)

112 — ARABE ACCOUDÉ.

Crayon noir, signé.

(H. 0,21. — L. 0,18)

GUYS (Constantin)

113 — Attelages, Equipages, Scènes de la vie mondaine sous le second Empire.

Vingt-trois dessins au lavis d'encre de Chine.
Ce numéro pourra être divisé.

INGRES

114 — Profil de la Vierge et croquis pour le tableau du Christ au milieu des docteurs, du musée de Montauban.

Mine de plomb.
Cachet de la vente de Mlle Ingres.
(H. 0,25 — L. 0,18 1/2)

JACQUE (Charles).

115 — Berger gardant son troupeau.

Crayon noir.
(H. 0,17 — L. 0,22)

116 — Le troupeau de porcs.

Crayon noir rehaussé de pastel, signé.
(H. 0,08 — L. 0,13)

LALAISSE (Hyp.).

117 — Titre pour : *Types militaires* par Hyp. Lalaisse.

Plume, signé, avec dédicace à Madame Mellinet.
(H. 0,30 — L. 0,21)

118 — L'Armée française et ses cantinières. Onze dessins, *publiés chez Orengo.*

Lavis d'encre de Chine, légèrement rehaussés d'aquarelle.

LAMI (Eugène).

119 — Cent-garde. Projet de costume.

Très belle aquarelle inachevée.

(H. 0.32. — L. 0.23)

LANGENDYK (Dirk).

120 — Attaque d'un convoi.

Aquarelle signée, *D. Langendyk.*

(H. 0.39 — L. 0.50)

121 — Campement de soldats russes.

Aquarelle signée, *D. Langendyk.*

(H. 0.39 — L. 0.50)

LETUAIRE

122 — Marines. Suite de 4 pièces.

Charmantes aquarelles, gouachées. Signées.

(H. 0.08 — L. 0.12)

MEISSONIER (Ernest).

123 — Portrait d'homme à longue barbe, une main appuyée au menton.

Sanguine et crayon noir, signé des initiales et daté 53.

(H. 0.24 — L. 0.19)

124 — Le même personnage, en buste, les deux mains en avant.

Sanguine et crayon noir, signé des initiales et daté 53.

(H. 0.24 — L. 0.19)

MEISSONIER (Ernest)

125 — Deux uhlans surpris par des Francs-tireurs.

Aquarelle signée avec dédicace.

(H. 0.11 — L. 0.17)

MICHEL (Georges).

126 — Chemin creux ; au verso : Paysage.

Aquarelles.

(H. 0.18 — L. 0.29)

127 — Le Moulin.

Crayon noir rehaussé d'aquarelle.

(H. 0.10 1/2 — L. 0.08)

128 — Petit paysage.

Mine de plomb.

(H. 0.09 1/2 — L. 0.15)

MICHEL LÉVY

129 — Pêcheurs au bord de la Seine.

Aquarelle signée.

(H 0.23. — L. 0.29)

MILLET (J. F.)

130 — Chemin a la lisière d'un bois.

Plume. Signé des initiales.

(H. 0.07. — L. 0.12)

MILLET (Frédéric)

131 — PORTRAIT DE JEUNE FEMME.

Crayon noir, exécuté vers 1825, et semblable à celui offert au Musée du Louvre par Mme Aimé Millet.

(H. 0.55. — L. 0.39)

132 — PORTRAIT DE FEMME AGÉE.

Crayon noir rehaussé de gouache, exécuté vers 1818.

(H. 0.54. — L. 0.39)

MOLTZHEIM

133 — ARMÉE FRANÇAISE. Collection de dix-sept costumes militaires, époque du Second Empire.

Aquarelles.

(H. 0.31. — L. 0.23)

MONNIER (Henry)

134 — LA NUIT DANS UN BOUGE.

Plume et crayon noir, signé.

(H. 0.23. — L. 0.15)

135 — PAYSANS DE BLAKENBERG.

Aquarelle, signée et datée 4 août 1837.

(H. 0.15. — L. 0.18)

MORIN (Louis)

136 — LE MARIAGE DE PIERROT. Pantomime bretonne. Texte et dessins de Louis Morin. Suite de quatre pièces.

Plume et aquarelle.

(H. 0.40. — L. 0.27)

NANTEUIL (Célestin)

137 — Hommage a Priape. Titre pour Romance.

Crayon noir, signé des initiales.

(H. 0,25. — L. 0,18)

PIGAL

138 — L'Entremetteuse.

Mine de plomb.

(H. 0,22. — L. 0,15)

PILLE (Henri)

139 — Sujet d'illustration.

Plume, signé.

(H 0.30. — L. 0.19 1/2)

PUVIS DE CHAVANNES (J.)

140 — Groupe de quatre personnages.

Belle étude à la sanguine, signée.

(H. 0.54. — L. 0.34)

141 — Evêque bénissant un guerrier a cheval.

Belle étude à la sanguine sur papier végétal, signée.

(H. 0.41. — L. 0.50)

RAFFET (Aug.)

142 — Projet pour la planche 1re de la prise de Constantine, 1re pensée.

Très belle aquarelle, signée *Raffet* (1837).
Nº 89. Vente de l'Artiste.

(H. 0.14. — L. 0 28)

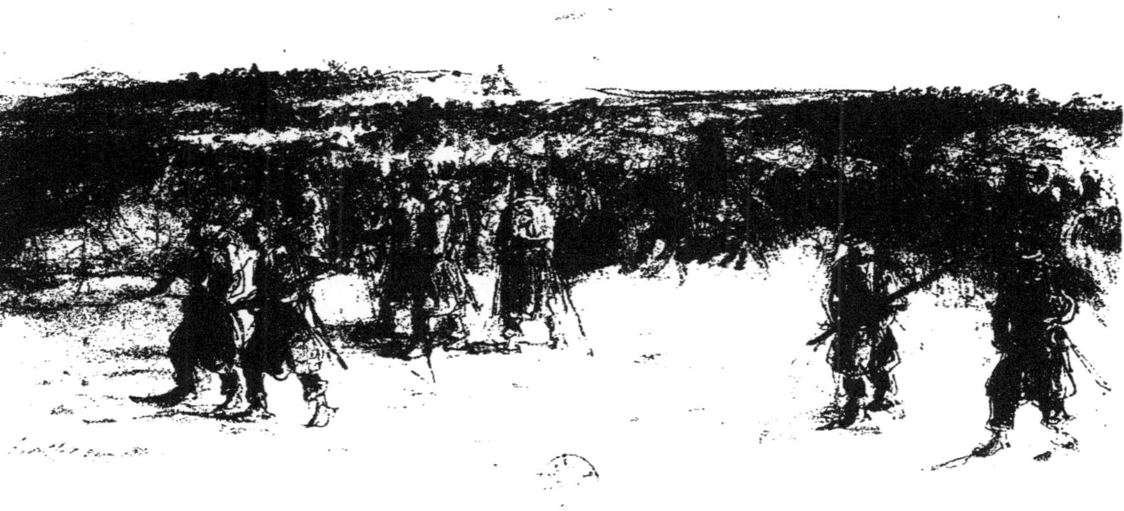

N° 142. — A. RAFFET

RAFFET (Aug.)

143 — Projet pour la planche 4e de la prise de Constantine.

Plume et aquarelle, cachet de vente.
No 84. Vente de l'Artiste.

(H. 0.16. — L. 0.23)

144 — Arabe mort. Etude pour la planche 4e de la prise de Constantine.

Vigoureuse étude au crayon noir et estompe.
No 549 de l'Œuvre par Giacomelli.

(H. 0.20. — L. 0.29)

145 — Arabe de la province de Constantine, vu de dos.

Mine de plomb et aquarelle, signé *Raffet, Constantine.*
No 223. Vente de l'Artiste.

(H. 0.25. — L. 0.14 1/2)

146 — Chasseur de Vincennes, sous-officier.

Crayon noir et pastel, signé *Raffet, Chasseur-Tirailleur, sous-officier, 28 mars 1841.*
N. 174. Vente de l'Artiste.

(H. 0.28 1/2. — L. 19)

147 — Pompier, grande tenue d'hiver.

Belle aquarelle signée et datée : *Raffet, 22 octobre 1846.*
N 173. Vente de l'Artiste.

(H. 0.29. — L. 0.20)

148 — Pompier, tenue de promenade.
Pompier, tenue d'incendie.

Deux aquarelles dans le même cadre.
Nos 167 et 176. Vente de l'Artiste.

(H. 0.26. — L. 0.17)

RAFFET (Aug.)

149 — Officier d'état-major. Saint-Sébastien, Espagne.

Très fine aquarelle, signée et datée : *Raffet*, 1846, *Espagne.*
N° 183. Vente de l'Artiste.

(H. 0.18 1/2. — L. 26 1/2)

150 — Joueur de cornemuse (Bordeaux ou Espagne). Deux sujets sur la même feuille.

Aquarelle, signée et datée, *Raffet*, 1846.
N° 197. Vente de l'Artiste.

(H. 0.23. — L 0,31)

151 — Type d'Espagnol (Andalou).

Plume et aquarelle, signé et daté, *Raffet*, 1847.
N° 195. Vente de l'Artiste.

(H. 0,32. — L. 0.23)

152 — Sergent de la Garde pontificale, Suisse du pape.

Aquarelle signée et datée, *Raffet*, 1849.
N° 144. Vente de l'Artiste.

(H. 0 30. — L. 0.20)

153 — Batterie de brèche n° 8. Siège de Rome 1849.

Plume et aquarelle.

(H. 0.22. — L. 0,30

154 — Officier d'infanterie Garibaldi.

Aquarelle signée et datée, *Raffet*, 1849.
N° 138. Vente de 'Artiste.

(H. 0.28. — L. 0 22)

RAFFET (Aug.)

155 — PULCINELLA (marionnette).

Aquarelle signée et datée, *Raffet 1849. Le premier acteur de Rome*
N° 146. Vente de l'Artiste.

(H. 0,30. — L. 0,22)

156 — HUSSARD HONGROIS, 7e Rég. (Reuss). Deux têtes sur la même feuille.

Plume. Signé et daté, *Raffet 1849*.
N° 123. Vente de l'Artiste.

(H. 0,18. — L. 0,27)

157 — UHLAN. N° 3. Rég. de l'Archiduc Charles-Louis. (Novarre).

Plume et aquarelle. Signé et daté, *Raffet 1849*.
N° 119. Vente de l'Artiste.

(H. 0,30. — L. 0,19)

158 — COSTUME DE FEMME DE PROCIDA.

Plume et aquarelle. Signé et daté, *Raffet 1849*.
N° 147. Vente de l'Artiste.

(H. 029. — L. 0,22)

159 — PETIT PAYSAN ITALIEN (Toscane).

Très fine aquarelle. Signée et datée, *Raffet 1849*.
N° 193. Vente de l'Artiste.

(H. 0,26. — L. 0,18)

160 — MARCHANDE DE PROCIDA.

Plume et aquarelle. Signé et daté, *Raffet 1849*.
N° 129. Vente de l'Artiste.

(H. 0,31. — L. 0,22)

RAFFET (Aug.)

161 — PASSAGE DU PONT D'ARCOLE, Novembre 1796.

Superbe aquarelle rehaussée de gouache, signée à gauche.
L'artiste s'est servi de la planche gravée sur bois par Brévière pour le sujet principal, et l'a augmenté en surélevant le pont, en ajoutant un groupe de grenadiers sur la gauche et en accentuant le paysage.

(H. 0.13 1/2. — L. 0.18)

162 — JEUNES FILLES KARAÏMES. Costumes et personnages en pied. Cinq dessins.

Plume et aquarelle.

163 — GÉNIE, SERGENT, grande tenue.

Belle aquarelle. Cachet de la vente.
N° 165. Vente de l'Artiste.

(H. 0.28. — L. 0.16)

ROUARGUE

164 — INTÉRIEUR D'EGLISE.

Aquarelle gouachée.
Dédicace au général Mellinet.

(H. 0.17. — L. 0.12)

ROUSSEAU (Théodore)

165 — INTÉRIEUR DE FORÊT.

Importante esquisse à la pierre noire. Signée des Initiales.

(H. 0.48. — L. 0.60)

166 — ARBRES ET ROCHERS.

Grande étude à la pierre noire.

(H. 0.63. — L. 0.94)

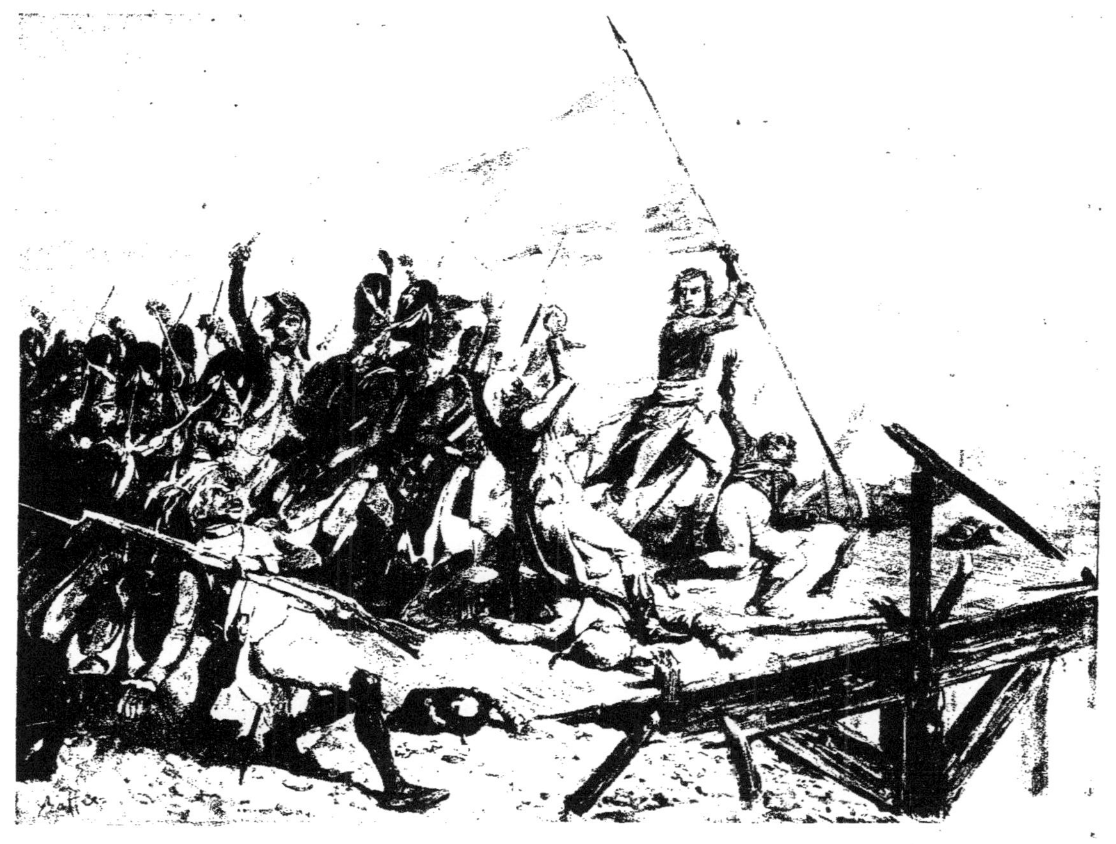

N° 161. — A. RAFFET

SAINT-MARCEL

167 — Tigre marchant.

Plume. Signé.

(H. 0.24 — L. 0.36)

STEINLEN

168 — Agent verbalisant.

Plume et lavis. Signé.

(H. 0.45 — L. 0.18)

SWEBACH

169 — Hussards Hongrois.

Aquarelle. Signée.

(H. 0.17 — L. 0.27 1|2)

THIÉNON

170 — Vue de Saint-Cloud.

Aquarelle. Signée.

(H. 0.16 1|2 — L. 0.12)

THORNLEY (E. W.).

171 — Paysage montagneux.

Aquarelle, signée.

(H. 0.20 — L. 0.29)

TROYON (C.).

172 — Paysage avec mare.

Etude au crayon noir. Signé des initiales.

(H. 0.20 — L. 0.30)

VEYRASSAT (J.).

173 — La dernière Gerbe.

Très fine aquarelle. Signée.

(H. 0.07 1|2 — L. 0.19)

VOGEL

174 — Cheval de trait a la porte d'une écurie, d'après Th. Géricault.

Aquarelle.

(H. 0.17 1|2 — L. 0.20 1|2)

VUILLIER

175 — Jeune fille aux lis.

Aquarelle sur fond or.

(H. 0.37 — L. 0.24)

GRANDE IMPRIMERIE DU CENTRE. — HERBIN, MONTLUÇON

DESSINS MODERNES

AQUARELLES

Costumes Militaires

Lithographies

TABLEAUX

Livres et Recueils